I0571055

LIBERÁNDOTE
DE...

Por Nadine Cepeda-Carr

Las citas de las Escrituras están tomadas de la Santa Biblia, New Living Translation, copyright ©1996, 2004, 2015 de Tyndale House Foundation. Utilizado con permiso de Tyndale House Publishers, Carol Stream, Illinois 60188. Todos los derechos reservados.

Copyright © 2022 por Nadine Cepeda-Carr

Reservados todos los derechos. Ninguna parte de este libro puede reproducirse ni utilizarse de ninguna manera sin el permiso por escrito del autor de este libro.

Diseño del libro: Larisma Dellareese Maduro
Editado por: Spirit of Excellence Writing & Editing Services, LLC
Traducción por Lizette Valarino d/b/a The Idea Factory
ISBN 979-8-9907832-1-8 (rústica)
Primera edición de bolsillo octubre de 2022
Publicado por Shedding Light Ministries LLC

INFORMACIÓN DEL CONTACTO
derramando1luz@gmail.com
www.sheddinglightministries.com

Por favor no dude en ponerse en contacto conmigo para
compromisos de charlas para su iglesia,
talleres, conferencias, grupos pequeños y retiros.

Tabla de Contenido

Introducción   4

1. Falta de perdón   5

2. Rechazo   8

3. Miedo   11

4. Ira   18

5. Depresión   21

6. Lujuria   24

7. Identidad   28

8. Enfermedad   31

9. Vergüenza y culpa   35

10. Tu mentalidad   38

Introducción

¿Qué es la libertad?

¿Qué significa para ti la palabra libertad?

_____

_____

_____

¿Cuándo fue la última vez que te sentiste libre?

_____

_____

_____

¿De qué quieres ser libre?

_____

_____

_____

¿Qué esperas obtener de este libro?

_____

_____

_____

Capítulo 1
Liberándote
de la falta de perdón

Completa el capítulo uno de tu libro de texto antes de pasar al siguiente capítulo de este libro

¿A quién necesitas perdonar?

_____

_____

_____

¿Necesitas perdonarte a ti mismo? _____ Si tu respuesta es sí, ¿por qué necesitas perdonarte a ti mismo?

_____

_____

_____

¿Qué sentimientos surgen al responder estas preguntas?

_____

_____

_____

Aquí hay algunas preguntas que pueden estar pasando por tu mente en este momento:

1. ¿Cómo sé si realmente he perdonado a esa persona?

• Cuando ya no te duele, te enoja o te afecta como antes

• Cuando puedes hablar de ello libremente

• Cuando ahora sientes compasión por la persona que te lastimó

• Cuando puedes orar por esa persona y ser sincero al respecto

Para aquellos que necesitan perdonarse a sí mismos por algo malo que hicieron

2. ¿Cómo sé que me he perdonado?

• Cuando ya no cargas con culpa, vergüenza o condenación - Romanos 8:1 dice: "Así que ahora ninguna condenación hay para los que pertenecen a Cristo Jesús"
• Te sentirás completamente libre y en paz

ORA: Padre, ayúdame a perdonar a quienes me han herido y a sacar a la superficie cualquier falta de perdón que pueda estar cargando y que haya estado escondida y latente en mí. Tu palabra dice que si no puedo perdonarlos, Tú no me perdonarás. Te pido que me traigas sanación por cada dolor y pena que pueda haber encontrado por parte de otros. Repara cada pedazo roto de mi corazón y ayúdame a identificarlos y a no aferrarme a ninguna amargura o enojo hacia ellos. Por favor ayúdame para poder soltarlo y ponerlo a tus pies en el nombre de Jesús, Amén.

NOTAS

(Tómate este tiempo para meditar y escribir lo que Dios te está hablando y revelando sobre este tema)

Capítulo 2
Liberándote
del rechazo

Completa el capítulo dos de tu libro de texto antes de pasar al siguiente capítulo de este libro

Antes de responder a las siguientes preguntas, profundiza en tu interior.

¿Quién en tu vida te ha rechazado?

_____

_____

_____

¿Qué resultados se han producido debido a tu rechazo?

_____

_____

_____

¿Cómo te ha afectado?

_____

_____

_____

Lee los siguientes pasajes bíblicos sobre el amor de Dios por nosotros.

El Hijo Pródigo en Lucas 15:11-31 - Ese mismo amor que tiene por Su Hijo, lo tiene por nosotros.

Lucas 15:4 - Si un hombre tiene cien ovejas y una de ellas se pierde, ¿qué hará? ¿No dejará a los otros noventa y nueve en el desierto e irá a buscar a la que está perdida hasta encontrarla?

Romanos 5:8 - Pero Dios mostró su gran amor por nosotros al enviar a Cristo a morir por nosotros cuando aún éramos pecadores.

Juan 3:16 - Porque así amó Dios al mundo: dio a Su único Hijo, para que todo el que cree en Él no perezca, sino que tenga vida eterna. Dios envió a Su Hijo al mundo no para juzgar al mundo, sino para salvarlo por medio de Él.

ORA: Padre, derribé el espíritu de rechazo de toda persona que me lastimó y decepcionó. Padre, te pido que traigas sanidad a lo más profundo de mi alma herida. Ayúdame a saber que soy amado y aceptado por Ti. No importa lo que los demás digan o piensen de mí; lo que importa es lo que dices de mí y cómo me ves. Gracias por amarme incondicionalmente y aceptarme tal como soy. Nadie puede amarme como Tú lo haces. Te agradezco por entregar a Tu Hijo para morir en la cruz solo por mí y mostrarme cuánto me amas en el nombre de Jesús. Amén.

NOTAS

Capítulo 3
Liberándote del
miedo

Completa el capítulo tres de tu libro de texto antes de pasar al siguiente capítulo de este libro

MIEDO: Siempre esperando resultados terribles

El miedo es una fortaleza con la que se enfrentan muchas personas. Puede mantenerte atado de muchas maneras. Estas son solo algunas maneras:

- Miedo al fracaso
- Miedo al cambio
- Miedo a lo desconocido
- Miedo a la enfermedad
- Miedo a la pérdida
- Miedo a lo que la gente pensará o dirá sobre ti.
- Miedo a las decepciones
- Miedo a los reveses
- Miedo a no ser aceptado
- Miedo al rechazo

Tómate un momento para pensar en los miedos con los que has estado lidiando:

¿Cuáles son tus miedos?

_____

_____

_____

_____

¿Cuáles han sido tus resultados de los miedos que has estado cargando?

_____

_____

_____

¿Qué miedos estás dispuesto a dejar ir?

_____

_____

_____

_____

¡El miedo debe IRSE ahora en el nombre de Jesús! El miedo no viene de Dios; viene de Satanás. La palabra de Dios dice...

2 Timoteo 1:7 - Porque Dios no nos ha dado espíritu de temor y de timidez, sino de poder, de amor y de dominio propio.

Isaías 41:10 - No temas, porque yo estoy contigo. No te desanimes, porque yo soy tu Dios. Yo te fortaleceré y te ayudaré. Te sostendré con mi diestra victoriosa.

Filipenses 4:13 - Porque todo lo puedo en Cristo que me fortalece.

Debemos temer únicamente a Dios , pero nunca de mala manera.

1 Juan 4:18 - Tal amor no tiene temor, porque el amor perfecto expulsa todo temor. Si tenemos miedo es por temor al castigo, y esto demuestra que no hemos experimentado plenamente su amor perfecto.

Proverbios 9:10 - El temor de Jehová es el fundamento de la sabiduría. El conocimiento del Santo resulta en buen juicio.

PRAY: **ORA:** Padre, derribo todo temor y te pido que por favor me llenes de Tu paz, descanso y consuelo. Porque Tu palabra dice que no nos has dado espíritu de temor sino de poder, de amor y de dominio propio. Invoco (nombra tu miedo) _____ y cualquier cosa de la que no soy consciente está adjunta a él; esto debe suceder ahora mismo en el nombre de Jesús. Que lo reemplaces con Tu valentía y una fe y esperanza más fuertes en el nombre de Jesús. Amén.

NOTAS

(Tómate este tiempo para meditar y escribir lo que Dios te está hablando y revelando sobre este tema)

Ya que estamos en el tema del miedo, hablemos de la FE sobre el miedo.

FE: Plena seguridad en el corazón

¿Dirías que tienes fe? Si no, ¿por qué?

_____

_____

_____

¿En qué áreas de tu vida necesitas fortalecer tu fe?

_____

_____

_____

¿Qué te hizo perder la fe? Piensa en lo que pasó y cuando.

_____

_____

_____

Hebreos 11:1 - La fe muestra la realidad de lo que esperamos; es la evidencia de cosas que no podemos ver.

Lee Hebreos 11: muestra grandes ejemplos de fe.

Si alguna vez has oído hablar de la historia de David y Goliat, esta es una verdadera historia de fe. David era un niño pequeño que mató a este gigante llamado Goliat con una sola piedra (tenía cinco) cuando los soldados más grandes y fuertes del ejército estaban desanimados y asustados de atacarlo. Dios nos ha dado nuestras propias piedras personales para vencer a los gigantes en nuestras vidas. Las cinco piedras que Dios nos ha dado son el Espíritu Santo, la oración, la adoración, las Escrituras y la sabiduría.

Lee 1 Samuel 17

La fe viene por el oír y el oír por la palabra de Dios. Cuanto más alimentes a tu hombre espiritual dentro de ti, más crecerá tu fe; esto sucede alimentándote de la palabra de Dios.

Lee Romanos 10:17

La fe y la esperanza van de la mano. No se puede tener esperanza sin fe y viceversa. Fe significa confiar, no en lo que ves, sino creer con esperanza que todo lo que has estado orando sucederá.

¿Estás alimentando a tu espíritu humano o a tu alma? Lo que alimentas crece y lo que matas de hambre muere. Decide hoy qué quieres alimentar y qué quieres matar de hambre.

ORA: Padre, oro y te pido que me ayudes con mi incredulidad. En las áreas donde me falta fe, que Tú ayudes a aumentarla. Les ordeno a los espíritus de la mentira y el desánimo que intentan inundar mi mente y mi corazón que me dejen ahora mismo en el nombre de Jesús. Que derrames sobre mí una nueva esperanza, una fe fresca y Tu espíritu a medida que me acerco cada vez más a Ti para que pueda confiar en Ti cada día más.

NOTAS

(Tómate este tiempo para meditar y escribir lo que Dios te está hablando y revelando sobre este tema)

Capítulo 4

Liberándote
de la Ira

Completa el capítulo cuatro de tu libro de texto antes de pasar al siguiente capítulo de este libro

También debemos prestar mucha atención cuando nos enojamos con alguien. ¿Es rabia o un sentimiento normal de enojo?

¿Puedes recordar la última vez que te enojaste o te enfureciste? ¿Cuál fue tu respuesta?

_____

_____

_____

¿Cómo se manifestó tu ira?

_____

_____

_____

¿Cuál fue el resultado después de tu arrebato?

_____

_____

_____

Efesios 6:12 - Porque no estamos luchando contra enemigos de carne y hueso, sino contra gobernantes y autoridades malvadas del mundo invisible, contra poderes imponentes en este mundo oscuro, y contra espíritus malignos en las regiones celestiales.

Recordemos contra qué estamos luchando realmente. No estamos luchando contra la carne sino contra principados.

El libro de Gálatas habla del fruto del Espíritu. Este pasaje de las Escrituras nos recuerda cómo debemos caminar:

Gálatas 5:22-23 - Pero el Espíritu Santo produce esta clase de frutos en nuestras vidas: amor, gozo, paz, paciencia, bondad, bondad, fidelidad, mansedumbre y dominio propio. ¡No hay ley contra estas cosas!

ORA: Padre, levanto esta ira ante Ti. Al ponerlo a Tus pies, que Tú lo reemplaces con Tu alegría y paz. Lléname de Tu amor para que pueda amar y tener compasión de aquellos que me hayan hecho daño. Revélame la raíz de esta ira y, al hacerlo, te la presentaré de vuelta. Crea en mí un corazón limpio para que cualquier ira en mí no me obstaculice en el nombre de Jesús, Amén.

NOTAS

(Tómate este tiempo para meditar y escribir lo que Dios te está hablando y revelando sobre este tema)

Capítulo 5
Liberándote de
la depresión

Completa el capítulo   cinco de tu libro de texto antes de pasar al siguiente capítulo de este libro

¿Tienes que lidiar con la depresión? En caso afirmativo, ¿cómo lo abordas?

_____

_____

_____

¿De qué manera se manifiesta tu depresión?

_____

_____

_____

¿Cómo manejas tu depresión? ¿Qué acciones tomas?

_____

_____

_____

Aquí hay algunos pasajes bíblicos alentadores que te recordarán en tiempos de desánimo y desesperanza lo bueno y fiel que es Dios y lo cerca que está de los que tienen el corazón quebrantado:

Proverbios 12:25 - La preocupación agobia al hombre; una palabra de aliento anima a una persona.

Deuteronomio 31:8 - No temas ni desanimes, porque el Señor personalmente irá delante de ti. Él estará contigo; Él no te fallará ni te abandonará.

Salmo 9:9 - El Señor es refugio para los oprimidos, refugio en tiempos de angustia.

Salmo 34:18-19 - Cercano está el Señor a los quebrantados de corazón; Él rescata a aquellos cuyo espíritu está abatido. La persona justa enfrenta muchos problemas, pero el Señor viene al rescate cada vez.

Salmo 126:5 - Los que plantan con lágrimas cosecharán con gritos de alegría.

Romanos 15:13 - Oro para que Dios, la fuente de esperanza, te llene completamente de gozo y paz porque confías en Él. Entonces rebosarás de esperanza confiada por el poder del Espíritu Santo.

ORA: Padre, levanto la depresión en este momento ante Ti, Señor. Lléname de un gozo eterno. Tu palabra dice que me darás hermosura en lugar de las cenizas, óleo de alegría en lugar del luto y manto de alabanza en lugar del espíritu de tristeza; para que yo sea llamado árbol de justicia, plantío del Señor, para que él sea glorificado. Derrama Tu gozo para que me llene de risa en el nombre de Jesús, Amén.

NOTAS

(Tómate este tiempo para meditar y escribir lo que Dios te está hablando y revelando sobre este tema)

Capítulo 6
Liberándote de la
lujuria

Completa el capítulo seis de tu libro de texto antes de pasar al siguiente capítulo de este libro

---

¿Qué es lo primero que piensas cuando escuchas la palabra lujuria?

_____

_____

_____

Aquí hay dos definiciones:

• Un deseo o anhelo apasionado o abrumador, o un ansia de poder.

• Tener un deseo sexual muy fuerte por alguien.

Lee las siguientes escrituras que hablan de "no ames a este mundo".

1 Juan 2:15-17 - No ames a este mundo ni a las cosas que te ofrece, porque cuando amas al mundo, no tienes el amor del Padre en ti. Porque el mundo sólo ofrece un anhelo de placer físico, un anhelo de todo lo que vemos y orgullo por nuestros logros y posesiones. Éstos no son del Padre sino que son de este mundo. Y este mundo se está desvaneciendo, junto con todo lo que la gente anhela. Pero el que hace lo que agrada a Dios vivirá para siempre.

Gálatas 5:16 - Por eso digo: dejen que el Espíritu Santo guíe sus vidas. Entonces no estarás haciendo lo que tu naturaleza pecaminosa anhela.

Colosenses 3:5 - Haz morir, pues, las cosas pecaminosas y terrenales que acechan dentro de ti. No tengas nada que ver con la inmoralidad sexual, la impureza, la lujuria y los malos deseos. No seas avaro, porque el avaro es un idólatra que adora las cosas de este mundo.

1 Tesalonicenses 4:3-5 - La voluntad de Dios es que seas santo, así que mantente alejado de todo pecado sexual. Entonces cada uno de ustedes controlará su propio cuerpo y vivirá en santidad y honra, no en pasiones lujuriosas como los paganos que no conocen a Dios ni sus caminos.

Lazos sexuales del alma

Detente y piensa mientras hablamos sobre este tema. ¿Puedes pensar en algún vínculo sexual con tu alma que todavía puedas tener de tu pasado o incluso ahora? Escribe los nombres.

_____

_____

_____

¿Puedes pensar en algún vínculo nocivo del alma que todavía puedas tener de tu pasado o incluso ahora? Escribe los nombres.

_____

_____

_____

Cómo saber si tienes un vínculo de alma impío:

Tómate un momento en oración y pídele a Dios que te muestre si tienes vínculos con tu alma que necesitan ser cortados. Si el Señor te recuerda a alguien o crees que existe la posibilidad de que exista un vínculo del alma, procede a orar para cortar los vínculos del alma. Puede que suceda o no en una sola oración. Puede estar tan profundamente enterrado que no lo recuerdas, pero en el tiempo de Dios, Él sacará nombres a la superficie o incluso un recuerdo de esa persona. Cada vez que el Señor lo saque a la superficie, comienza a renunciar a esos lazos del alma con la oración que se comparte a continuación.

ORA: Para romper las ataduras del alma:

Padre Dios, te doy gracias por salvarme de la destrucción. Te agradezco por enviar a Jesús a morir por mis pecados. Por favor perdóname por mis pecados contra ti. Específicamente, confieso que _____ (detalles del pecado y nombres). Me arrepiento de ese pecado y lo renuncio ahora.

Señor, por favor purifica mi corazón de este pecado, de su recuerdo y de cualquier fantasía que haya tenido en mi mente al respecto. En el nombre de Jesucristo y por el poder de Su sangre que fue derramada en la cruz, me libero de toda atadura del alma que tuvo lugar con _____ (nombre(s) u objetos específicos).

Les encomiendo al cuidado de Jesucristo para que Él haga lo que quiera. Satanás, te reprendo a ti y a todas tus obras y caminos. Reprendo cualquier espíritu maligno que tenga fortaleza en mí. En el nombre de Jesús, les ordeno, espíritus malignos, que me dejen y regresen al abismo del infierno al que pertenecen. Padre, por favor sana mi alma de cualquier herida resultante de estos lazos del alma. Por favor, restaura cualquier parte de mí que haya sido robada a través de este/estos vínculos del alma y tráeme de regreso a la plenitud. Refresca mi alma y reconstrúyeme para que vuelva a ser la persona a la cual Tú creaste. Gracias, Señor, por Tu poder sanador y tu perfecto amor por mí. Que pueda glorificarte con mi vida de ahora en adelante en el nombre de Jesús. Amén.

NOTAS

(Tómate este tiempo para meditar y escribir lo que Dios te está hablando y revelando sobre este tema)

Capítulo 7
Liberándote
de la identidad

Completa el capítulo siete de tu libro de texto antes de pasar al siguiente capítulo de este libro

La definición de identidad es el hecho de ser quién o qué es una persona o cosa.

Esto me recuerda al robo de identidad: cuando alguien roba la identidad de otra persona, como un número de seguro social o una identificación física, su intención es crear una nueva identidad para sí mismo. Están tratando de ser alguien que no son. Lo mismo sucede internamente con las personas después de un trauma; algo cambia dentro de ellos y crea una persona diferente a quien Dios no creó originalmente.

Aquí hay algunas escrituras que hablan sobre tu identidad:

Efesios 1:5-7 - Dios decidió de antemano adoptarnos en Su propia familia al traernos a Él a través de Jesucristo. Esto es lo que Él quería hacer y le produjo gran placer. Por eso alabamos a Dios por la gloriosa gracia que ha derramado sobre nosotros que pertenecemos a su amado Hijo. Él es tan rico en bondad y gracia que compró nuestra libertad con la sangre de Su Hijo y perdonó nuestros pecados.

1 Corintios 12:27 - Todos ustedes son el cuerpo de Cristo, y cada uno es parte de Él.

Jeremías 1:5 - Te conocí antes de formarte en el vientre de tu madre. Antes de que nacieras, te aparté y te nombré mi profeta para las naciones.

1 Corintios 6:19-20 - ¿No te das cuenta de que tu cuerpo es templo del Espíritu Santo, que vive en ti y que te ha sido dado por Dios? No te perteneces a ti mismo, porque Dios te compró a alto precio. Por eso debes honrar a Dios con tu cuerpo.

1 Corintios 6:17 - Pero el que se une al Señor, está con Él en un solo espíritu.

Génesis 1:27 - Entonces Dios creó al ser humano a su imagen. A imagen de Dios los creó; varón y hembra los creó.

En tu tiempo de oración, pregúntale a Dios, ¿dónde está mi identidad? ¿Quién he sido todos estos años?

ORA: Padre, mientras me revelas cómo he estado viviendo mi vida todos estos años sin Ti y la identidad que he asumido, te pido que la borres. Reemplázalo con Tu ADN y la identidad que me has dado para que pueda caminar en mi verdadero llamado y el propósito que tienes para mí. Estoy maravillosamente hecho a Tu imagen. Gracias por crearme para ser quien me has llamado a ser en el nombre de Jesús, Amén.

NOTAS

(Tómate este tiempo para meditar y escribir lo que Dios te está hablando y revelando sobre este tema)

Capítulo 8
Liberándote
de la enfermedad

Completa el capítulo   ocho de tu libro de texto antes de pasar al siguiente capítulo de este libro

---

En tu momento de desesperación durante una enfermedad que enfrentaste, ¿tu fe se tambaleó?

_____

_____

_____

¿Se apoderó de ti el miedo?

_____

_____

_____

¿Qué mentiras te estaba susurrando Satanás al oído?

_____

_____

_____

¿Aún pudiste mirar a Dios y adorarlo durante tu desesperanza?

_____

_____

_____

Lucas 8:43-48 - Una mujer entre la multitud había sufrido durante doce años con sangrado constante, y no podía encontrar cura. Acercándose a Jesús, tocó el borde de su manto. Inmediatamente, el sangrado cesó. "¿Quién me tocó?" Jesús preguntó. Todos lo negaron, y Pedro dijo: "Maestro, toda esta multitud se aprieta contra ti". Pero Jesús dijo: "Alguien me tocó deliberadamente, porque sentí que un poder sanador salía de mí". Cuando la mujer se dio cuenta de que no podía permanecer escondida, comenzó a temblar y cayó de rodillas delante de Él. Toda la multitud la escuchó explicar por qué lo había tocado y que había sido sanada inmediatamente. "Hija", le dijo, "tu fe te ha sanado. Ve en paz."

Aquí hay otras dos historias sobre cómo Jesús sanó a un cojo y a un ciego. Nada es demasiado difícil o imposible para nuestro Dios cuando se trata de sanar a los enfermos. Creo que es una manera de mostrar el milagro de Dios a los que tienen incredulidad.

John 5:1-9 - Después Jesús regresó a Jerusalén para uno de los días santos judíos. Dentro de la ciudad, cerca de la puerta de las Ovejas, estaba el estanque de Betesda, con cinco pórticos cubiertos. Multitudes de enfermos (ciegos, cojos o paralíticos) yacían en los porches. Uno de los hombres que yacían allí había estado enfermo durante treinta y ocho años. Cuando Jesús lo vio y supo que hacía mucho tiempo que estaba enfermo, le preguntó: "¿Quieres curarte?" "No puedo, señor", dijo el enfermo, "porque no tengo a nadie que me meta en la piscina cuando el agua burbujea. Siempre hay alguien más que llega antes que yo". Jesús le dijo: "¡Levántate, toma tu camilla y anda!" ¡Al instante, el hombre fue sanado! ¡Enrolló su colchoneta y empezó a caminar!

Juan 9:1-7 - Mientras Jesús iba caminando, vio a un hombre que era ciego de nacimiento. "Rabí", le preguntaron sus discípulos, "¿por qué este hombre nació ciego? ¿Fue por sus propios pecados o por los pecados de sus padres? "No fue por sus pecados ni por los pecados de sus padres", respondió Jesús. "Esto sucedió para que se pudiera ver el poder de Dios en él. Debemos realizar rápidamente las tareas que nos asignó quien nos envió. Llega la noche y entonces nadie puede trabajar. Pero mientras estoy aquí en el mundo, soy la luz del mundo". Luego escupió en el suelo, hizo barro con la saliva y untó el barro sobre los ojos del ciego. Él le dijo: "Ve a lavarte en el estanque de Siloé" (Siloé significa "enviado"). Entonces el hombre fue, se lavó y regresó viendo.

Aquí hay solo algunos pasajes de las Escrituras para que te hables a ti mismo cuando estés enfermo. La Biblia está llena de escrituras que nos alientan y nos llenan de esperanza, paz y descanso. Háblalo a la atmósfera y a la existencia. Recuerda, hay poder en tus palabras. Comienza a agradecer a Dios por tu curación como si ya estuviera hecha.

Isaías 41:10 - No temas, porque yo estoy contigo. No te desanimes, porque yo soy tu Dios. Yo te fortaleceré y te ayudaré. Te sostendré con mi diestra victoriosa.

Salmo 30:2 - Oh Señor, Dios mío, a Ti clamé por ayuda, y Tú restauraste mi salud.

Mateo 11:28-30 - Entonces Jesús dijo: "Vengan a mí todos los que están cansados y cargados, y yo les haré descansar. Lleven mi yugo sobre ustedes. Déjenme enseñarles, porque soy humilde y manso de corazón, y encontrarán descanso para sus almas. Porque mi yugo es fácil de llevar, y ligera la carga que les doy".

Romanos 15:13 - Oro para que Dios, fuente de esperanza, te llene completamente de gozo y paz porque confías en Él. Entonces rebosarás de esperanza confiada por el poder del Espíritu Santo.

Salmo 46:1 - Dios es nuestro refugio y fortaleza, siempre dispuesto a ayudar en tiempos de dificultad.

ORA: Padre, levanto toda enfermedad de mi cuerpo, todo lo conocido y lo desconocido. Eres un Dios omnisciente. Oro y te pido que me cubras con la sangre de Jesús desde la coronilla hasta las plantas de los pies. Pido la sangre de Jesús sobre cada órgano, músculo, vaso y hueso de mi cuerpo. Reclamo curación física; que puedas restaurar mi cuerpo a como Tú querías que fuera: con buena salud. Lléname con Tu Espíritu Santo y a medida que me llenes, no dejará lugar para el espíritu de la enfermedad. La enfermedad no tiene más remedio que abandonar mi cuerpo en el nombre de Jesús. Te agradezco de antemano por mi curación. Estoy creyendo en fe que Tú me has sanado en el nombre de Jesús. Amén.

NOTAS

Capítulo 9
Liberándote
de la vergüenza y la culpa

Completa el capítulo nueve de tu libro de texto antes de pasar al siguiente capítulo de este libro

¿Qué has hecho en tu pasado que te haya causado vergüenza o culpa?

_____

_____

_____

¿Tienes a alguien que te recuerda constantemente tus errores?

_____

_____

_____

¿Cómo te hace sentir?

_____

_____

_____

¿Realmente crees que Dios puede perdonarte por lo que has hecho?

_____

_____

_____

Pídele a Dios que te perdone por (llena el espacio en blanco).

_____

_____

_____

Lee lo que Dios dice en las siguientes escrituras:

Salmo 130:3 - Señor, si llevaras un registro de nuestros pecados, ¿quién, oh Señor, podría sobrevivir?

Jeremías 31:34 - Y no tendrán necesidad de enseñar a sus vecinos, ni tendrán necesidad de enseñar a sus parientes, diciendo: 'Deben conocer al Señor', porque todos, desde el menor hasta el mayor, ya me conocerán". dice el Señor. "Y perdonaré sus maldades, y nunca más me acordaré de sus pecados".

Romanos 8:1 - Así que ahora ninguna condenación hay para los que pertenecen a Cristo Jesús.

La vergüenza nunca fue una emoción intencionada por Dios. De hecho, la Biblia dice que el enemigo es el acusador de los creyentes, lo que significa que la voz que intenta avergonzarnos, minimizar quiénes somos y robar nuestra confianza proviene del enemigo. Dios nunca te avergonzará. Él corrige y restaura a sus hijos con amor.

Hebreos 12:4-5 ¿Y han olvidado las palabras de aliento que Dios les habló como a sus hijos? Él dijo: "Hijo mío, no menosprecies la disciplina del Señor y no desistas cuando Él te corrija".

ORA: Padre, pongo a tus pies toda culpa y vergüenza de mi pasado. Tú me has perdonado y me has lavado con la sangre de Jesús. Cuando te acepté en mi vida, borraste mi pasado y me diste una nueva vida. Lo viejo ha muerto y ahora soy una persona nueva. Ordeno que se cierre la boca del enemigo cada vez que se menciona mi pasado. Gracias por verme como el proyecto terminado y gracias por amarme incondicionalmente. En nombre de Jesús, Amén.

NOTAS

(Tómate este tiempo para meditar y escribir lo que Dios te está hablando y revelando sobre este tema)

Capítulo 10
Liberándote
de tu mentalidad

Completa el capítulo diez de tu libro de texto

¿Qué pensamientos negativos rondan constantemente por tu mente?

_____

_____

_____

¿Cómo te ha hecho esto avanzar en tus acciones?

_____

_____

_____

Aquí hay algunas maneras en que puedes comenzar a renovar tu mente con la mente de Cristo:

Tener la mente de Cristo significa que miramos la vida desde el punto de vista de Dios. Sus pensamientos no son como piensa el mundo. Sus valores y los deseos que tiene en mente hacia nosotros son totalmente diferentes a los nuestros. Su perspectiva de humildad, compasión y dependencia. Quiere que tengamos lo mismo.

Podemos poner las manos sobre nuestra mente y orar, pidiéndole a Dios que una nuestra mente a la mente de Cristo. Necesitamos pedirle a Dios que renueve nuestra mente diariamente. No tenemos que esperar a que alguien ore por tu mente, puedes hacerlo tú mismo. Dios te ha dado el poder y la autoridad para tomar cautivos a tus pensamientos. Pídele a Dios que dé a tu mente paz y descanso y una mente sana. La mente de Cristo te es dada a través del Espíritu Santo.

1 Corintios 2:10-12 – Pero fue a nosotros a quienes Dios reveló estas cosas por Su Espíritu. Porque su Espíritu lo escudriña todo y nos muestra los secretos profundos de Dios. Nadie puede conocer los pensamientos de una persona excepto el propio espíritu de esa persona, y nadie puede conocer los pensamientos de Dios excepto el propio Espíritu de Dios. Y hemos recibido el Espíritu de Dios (no el espíritu del mundo), para que podamos conocer las cosas maravillosas que Dios nos ha dado gratuitamente.

Romanos 12:2 - No copies el comportamiento y las costumbres de este mundo, sino permite que Dios te transforme en una nueva persona cambiando tu forma de pensar. Entonces aprenderás a conocer la voluntad de Dios para ti, que es buena, agradable y perfecta.

Filipenses 2:5 - Deberás tener la misma actitud que tuvo Cristo Jesús.

2 Timoteo 1:7 - Porque Dios no nos ha dado espíritu de temor y de timidez, sino de poder, de amor y de dominio propio.

Efesios 4:23-24 - Más bien, deja que el Espíritu renueve tus pensamientos y actitudes. Vístete de tu nueva naturaleza, creada para ser como Dios: verdaderamente justa y santa.

Ora sobre tu mente y comienza a declarar la palabra de Dios sobre tu mente. Empecemos a romper con estos patrones y viejas formas de pensar.

ORA: Padre, ato mi mente a Tu mente; deja que todo pensamiento que no provenga de Ti quede cautivo. Arranca, rompe y ata toda vieja forma de pensar y renueva mi mente. Que mi mente sea transformada a Tus caminos. Por favor dame una mente de paz, descanso y salud en el nombre de Jesús, Amén.

NOTAS

(Tómate este tiempo para meditar y escribir lo que Dios te está hablando y revelando sobre este tema)

www.ingramcontent.com/pod-product-compliance
Lightning Source LLC
Chambersburg PA
CBHW082113120626

46553CB00011B/3665

9798990783218